Es NAVIDAD

TODO SOBRE LOS TRES REYES MAGOS

KRISTEN RAJCZAK NELSON
TRADUCIDO POR ESTHER SARFATTI

PowerKiDS press
NEW YORK

Published in 2020 by The Rosen Publishing Group, Inc.
29 East 21st Street, New York, NY 10010

First Edition

Translator: Esther Sarfatti
Editor, Spanish: Ana María García
Book Design: Reann Nye

Photo Credits: Cover Adam Lubroth/The Image Bank/Getty Images; pp. 5, 17 nito/Shutterstock.com; p. 7 MarcelClemens/Shutterstock.com; p. 9 https://commons.wikimedia.org/wiki/File:7222_Adoraci%C3%B3n_de_los_Reyes_Magos.jpg; p.11 Zvonimir Atletic/Shutterstock.com; p. 13 NurPhoto/Getty Images; p. 15 GraphicaArtis/Archive Photos/Getty Images; p. 19 Dereje/Shutterstock.com; p. 21 TOBIAS SCHWARZ/AFP/Getty Images; p. 22 vasanty/Shutterstock.com.

Library of Congress Cataloging-in-Publication Data

Names: Nelson, Kristen Rajczak.
Title: Todo sobre los tres Reyes Magos / Kristen Rajczak Nelson.
Description: New York : PowerKids Press, 2020. | Series: Es Navidad |
Includes index.
Identifiers: LCCN 2018046365| ISBN 9781725305380 (pbk.) | ISBN 9781725305403
(library bound) | ISBN 9781725305397 (6 pack)
Subjects: LCSH: Magi–Juvenile literature. | Epiphany–Juvenile literature.
Classification: LCC BT315.3 .N468 2020 | DDC 232.92/3–dc23
LC record available at https://lccn.loc.gov/2018046365

CPSIA Compliance Information: Batch #CSPK19. For Further Information contact Rosen Publishing, New York, New York at 1-800-237-9932.

CONTENIDO

UNA HISTORIA QUE CAMBIÓ

¿Conoces la letra de la canción de Navidad *Nosotros, los tres Reyes*? Es una melodía muy bonita, pero gran parte de la historia que cuenta es inventada. De hecho, mucho de lo que creemos acerca de los tres Reyes Magos no está en la historia original de la Biblia, sino que se ha ido agregando a lo largo del tiempo.

EMPECEMOS CON LA BIBLIA

También conocidos como hombres sabios, los tres Reyes Magos forman parte de la historia del **Evangelio** de Mateo. La historia dice que unos hombres de **Oriente** siguieron una estrella nueva durante doce días hasta llegar al pueblo de Belén. Creían que la estrella los llevaría al lugar donde había nacido un niño muy especial que luego se convertiría en el rey de los judíos.

El Evangelio dice que los hombres sabios llevaron regalos a Jesús, el niño al que buscaban. Le llevaron oro porque lo consideraban un rey. El segundo regalo fue el **incienso**, para mostrar que Jesús también era **divino**. El tercer regalo fue la mirra, un perfume, para indicar que Jesús era humano y que moriría.

Según el Evangelio, antes de visitar a Jesús, los hombres sabios conocieron a Herodes, el rey de aquel lugar. Herodes pidió a los Reyes Magos que volvieran después para que le contaran acerca del niño. Sin embargo, los Reyes Magos vieron en un sueño que no debían ayudar a Herodes. Los Reyes Magos se fueron y no volvieron a visitarlo.

¿POR QUÉ TRES?

Puesto que los Reyes Magos llevaron tres regalos, muchas **tradiciones** cristianas creen que fueron tres los hombres sabios de Oriente que visitaron a Jesús. Los Reyes Magos se llamaron Melchor, Gaspar y Baltasar. Según otras tradiciones, hubo 12 hombres sabios. En realidad, ¡en el Evangelio de Mateo no aparece ninguno!

ERAN SACERDOTES, NO REYES

La Biblia tampoco dice que los Reyes Magos fueran realmente reyes, aunque en el siglo III esto ya formaba parte de la historia. Los "magos" u "hombres sabios" eran un tipo de **sacerdotes** durante la época en que se escribió la Biblia. Estos hombres seguramente estudiaban los cielos, ¡y por eso se fijaron en una nueva estrella!

LA VISITA

Hoy en día, mucha gente incluye a los tres Reyes Magos en su **Nacimiento**. Algunos esperan 12 días después de la Navidad para poner a los hombres sabios en él. ¡La Biblia no menciona el momento en que los Reyes Magos visitaron a Jesús, o si fue inmediatamente después de su nacimiento! Es posible que lo visitaran meses o años más tarde.

¿CÓMO SE CELEBRA HOY?

Muchos cristianos **celebran** la Epifanía el día 6 de enero. Parte de esta fiesta es la llegada de los Reyes Magos. Algunos cristianos originalmente celebraban ese día como el día de Navidad, por lo que a veces se le llama la *Pequeña* o *Antigua Navidad*. También es el doceavo día de la época de Navidad de la que habla la canción *Los doce días de Navidad*.

El 6 de enero es un día festivo en América Latina, España y otros lugares alrededor del mundo. Se le conoce como el *Día de los Reyes Magos*. Según la costumbre, los niños dejan sus zapatos fuera la noche anterior para que los Reyes Magos pongan allí sus regalos. Los niños también dejan regalos para los Reyes, como ¡pasto para sus camellos!

Sternsinger – wir sind daheim

En países como México, España y las comunidades latinoamericanas de Estados Unidos, se realizan desfiles y otras actividades para celebrar el Día de los Reyes Magos. Algunas personas hacen un pan dulce llamado *rosca de Reyes*. ¡En México se hacen roscas de hasta una milla de largo! ¡Celebrar el Día de los Reyes Magos puede ser muy divertido!

GLOSARIO

celebrar: hacer algo especial durante un día o evento particular.

divino: algo que viene de Dios o de un dios.

Evangelio: uno de los cuatro libros de la Biblia cristiana que cuentan la historia de la vida de Jesús.

incienso: una sustancia que se quema por su buen olor y que se usa a menudo en ceremonias religiosas.

Nacimiento: una escena, hecha con figuras, que representa el nacimiento de Jesús.

Oriente: este (punto cardinal).

sacerdote: una persona que lleva a cabo ceremonias religiosas en algunas religiones.

tradición: una forma de pensar o de hacer algo entre un grupo de gente.

ÍNDICE

SITIOS DE INTERNET

Debido a que los enlaces de Internet cambian constantemente, PowerKids Press ha creado una lista de sitios de Internet relacionados con el tema de este libro. Este sitio se actualiza con regularidad. Por favor, utiliza este enlace para acceder a la lista: www.powerkidslinks.com/IC/kings